BEI GRIN MACHT SICH IHR WISSEN BEZAHLT

Der "deutsche Baudelaire" von Stefan A. George

Denis Gusakov

Bibliografische Information der Deutschen Nationalbibliothek:

Die Deutsche Nationalbibliothek verzeichnet diese Publikation in der Deutschen Nationalbibliografie; detaillierte bibliografische Daten sind im Internet über http://dnb.d-nb.de abrufbar.

ISBN: 9783389018705
Dieses Buch ist auch als E-Book erhältlich.

© GRIN Publishing GmbH
Trappentreustraße 1
80339 München

Druck und Bindung: Books on Demand GmbH, Norderstedt Germany
Gedruckt auf säurefreiem Papier aus verantwortungsvollen Quellen

Das vorliegende Werk wurde sorgfältig erarbeitet. Dennoch übernehmen Autoren und Verlag für die Richtigkeit von Angaben, Hinweisen, Links und Ratschlägen sowie eventuelle Druckfehler keine Haftung.

Das Buch bei GRIN: https://www.grin.com/document/1471995

Inhaltsverzeichnis

1. Einleitung

Als Charles Baudelaire im Jahre 1857 eine Sammlung von Gedichten unter dem Namen *Les Fleurs du Mal*, zu Deutsch „Die Blumen des Bösen" veröffentlicht, löst der für die damalige Zeit sehr provokative Inhalt einen Sturm der Entrüstung aus. Sein Weltbild und seine Sicht der Dinge treffen auf großen Widerstand und eine Mauer des Unverständnisses; seine Lyrik wird als krankhaft bezeichnet. Schon zu Lebzeiten wird er als „der Dichter des Schmutzes, der Kadaver, der widernatürlichen Laster, kurz eine Art von intellektuellem Nero" bezeichnet (Keck 1991, 100). Die – wenn auch unvollständige – Übertragung der Baudelaireschen Gedichte der *Fleurs du Mal* aus dem Französischen ins Deutsche durch Stefan Anton George führt dazu, dass sich das Bild Baudelaires in der Gesellschaft wandelt; man beginnt zu verstehen, dass Charles Baudelaire keineswegs einfach als Satanist und Dichter dekadenter Negativität abgeurteilt werden kann, im Gegenteil, dass er etwas Neues geschaffen hat und mit ihm eine neue Epoche, die Moderne, angebrochen ist (vgl. Kortländer/Siepe, 247).

Die vorliegende Arbeit geht zunächst auf den Lyriker Baudelaire als Person und dann auf den Inhalt seines bedeutendsten Werkes, die *Fleurs du Mal* ein. Anschließend folgt eine Auseinandersetzung mit der Frage der Rezeption der Baudelaireschen Lyrik und deren Übersetzbarkeit.

Hauptgegenstand der Arbeit ist die eigenständige Analyse einer Gedichtübersetzung des bekannten Baudelaire-Übersetzers George. Sie beinhaltet den Versuch, die Frage zu klären, inwiefern George den aus seinen Ansichten entspringenden Zielen selbst gerecht wird, wobei auch auf ihn als Dichter und Übersetzer eingegangen wird. Der wesentliche Grund, warum gerade Georges „Umdichtungen", wie er es sagte, für diese Arbeit herangezogen werden, liegen auf der Hand: er gilt als der Baudelaire-Übersetzer schlechthin, der die Rezeption Baudelaires in der deutschen Gesellschaft veränderte, was auch zur Folge hat, dass es mehr qualitative Arbeiten über George und sein Werk gibt (vgl. Keck 1991, 98).

2. Der Übersetzer George

2.1. Biografie Georges

Der Lyriker und Übersetzer Stefan Anton George wird am 12. Juli 1868 in Büdesheim (heute Stadtteil von Bingen am Rhein) in die Familie von Eva und Stephan George hineingeboren. In seiner Jugendzeit lernt er selbstständig ca. 10 Sprachen, um die für ihn interessanten literarischen Werke im Original lesen zu können. Er schreibt Gedichte, die er bereits im Jahre 1887 in einer Schulzeitung mit Namen „Rosen und Disteln" veröffentlicht. Es folgen weitere Veröffentlichungen, wie beispielsweise 1901 im Band „Die Fibel". Nach seinem Abitur bereist er verschiedene europäische Metropolen, darunter auch Paris, wo er mit der Auffassung des Symbolismus[1] und der „L'art pour l'art"[2] in Berührung kommt, die ihn nachhaltig beeinflussen wird.[3]

George ist in erster Linie Lyriker, arbeitet jedoch nebenher als Übersetzer und macht sich 1901 durch seine Gesamtübertragung der Baudelaireschen *Les Fleurs du Mal,* als der ersten seiner Art in der deutschen Sprache, einen Namen.

2.2. Ansichten und Auffassungen Georges

In den 90er Jahren des 19. Jahrhunderts, als der Naturalismus[4] die vorherrschende literarische Strömung in Deutschland ist, schart George um sich herum eine Gruppe Gleichgesinnter. Es sind Leute, die dem Naturalismus feindlich gesinnt sind, zu ihnen gehören Lyriker und Kunstliebhaber. Sie beginnen gemeinsam mit der Herausgabe einer Zeitschrift mit dem Namen „Blätter für die Kunst", in der die veröffentlichen Gedichte genau dem Gegenteil der naturalistischen Strömung entsprechen. Sie nennen diese Form „Geistige Kunst", worunter sie „eine kunst frei von jedem dienst, eine kunst aus der anschauungsfreude, aus rausch und klang und sonne" verstehen (Burkhard 1934, 50). Dieses Zitat spricht für sich, denn die Schreibweise und der Ausdruck „rausch und klang und sonne", stellen nicht unbedingt einen Zusammenhang dar und zeigen, dass ihr Kunstverständnis nicht irgendwelchen Rechtschreibregeln, Konventionen oder der Erwartung eines sinnvollen Zusammenhangs unterliegt. Sie erachten die Form für wichtiger als den Inhalt, den Stil für bedeutungsvoller als

---

[1] Symbolismus:
[2] L'art pour l'art: Wie der Name schon sagt, ein Kunstverständnis, das von allen Konventionen unabhängig ist und für sich selbst spricht
[3] http://www.stefan-george-gesellschaft.de/?page_id=175&print=1 (Stand 15.08.2011)
[4] Naturalismus:

den emotionalen Ausdruck, verwenden ein selbstkreiertes Vokabular und bestimmen eine eigene Druckform für ihre Werke (ebd., 51).

Zu seiner Übersetzung der *Fleurs du Mal* schreibt George im Vorwort, was ihn dazu bewegt hat, diese zu übersetzen.

> „Diese verdeutschung der FLEURS DU MAL verdankt ihre entstehung nicht dem wunsche, einen fremdländischen verfasser einzuführen, sondern der ursprünglichen reinen freude am formen" (Hobohm 1931, 20).

Einen weiteren Beweggrund nennt Burkhard (1934, 51): „His cult of beauty inspired him, even as it did neo-romantic writers, to create verses less ethical than aesthetic, less moral than beautiful, less good than fine".

Dies ist eine der Gemeinsamkeiten Georges und Baudelaires: Sie wollen eine reine Kunst allein durch das Mittel der Form schaffen, und diese nicht durch den Inhalt begründen; sie betrachten es als eine Berufung, und erachten ihre Kunst als nicht für jedermann, sondern nur für einen erlesenen Kreis. Sie erwarten keine Antwort; die Kunst steht allein für sich da, sie braucht keinen Zweck oder ein Ziel, allein durch ihr Dasein hat sie ihre Daseinsberechtigung (vgl. Burkhard 1934, 51).

Dass beide versuchen nicht zu moralisieren, sondern einfach wiederzugeben, ist eine weitere Gemeinsamkeit, die dazu beiträgt, dass Baudelaires Werk überhaupt richtig verstanden wird. Baudelaire, der unvoreingenommen, selbstdistanziert seine Seele „seziert" und diese dem Leser auf einem Silbertablett der vollendeten Form darreicht, und George, der als einer der ersten diese Kunst überhaupt im richtigen Kontext versteht, diese ins Deutsche überträgt und so einen Prozess der Auseinandersetzung mit Baudelaires Werk anstößt. George, Pionier der Baudelaire-Übersetzung, setzt die Maßstäbe für die korrekte Interpretation Baudelaires, die heute noch gelten.

2.2.1 Les Fleurs du Mal: Inhalt

Der Ausdruck „Fleurs du Mal" stammt nicht von Baudelaire persönlich. Diesen hat er von dem Kritiker und Romancier Hippolyte Babou (1824-1878) übernommen, der ihn für eine eigene Gedichtreihe als Überschrift gewählt hatte. (FW 481). Die *Fleurs du Mal* sind Baudelaires Hauptwerk; ohne auf den Inhalt einzugehen, kann man mit Baudelaires eigenem Vorwort zu den *Fleurs du Mal* folgendes sagen:

„(…) qu'est-ce que la Poésie? quel est son but? de la distinction du Bien d'avec le Beau ; de la Beauté dans le Mal; que le rythme et la rime répondent dans l'homme aux immortels besoins de la monotonie, de symétrie et de surprise; de l'adaption du style au sujet; de la vanité et du danger de l'inspiration, etc., etc.;" (Keck 1991, 16).

2.2.2. Rezeption in Frankreich und Deutschland

Als Baudelaire 1857 die Blumen des Bösen veröffentlichte, wurde ein Verfahren gegen den Verleger und Baudelaire selbst eingeleitet. Ergebnis war, dass auf einige Gedichte der Sammlung eine Zensur aufgrund des unangemessenen Inhalts auferlegt wurde, was zur Folge hatte, dass das Werk nicht die Aufmerksamkeit in der Öffentlichkeit erhielt, die es hätte haben können. Die Kritik in Frankreich war verhalten, es gab nur wenige positive Stimmen, eine davon ist die des bekannten französischen Schriftstellers Victor Hugo. Dieser schrieb am 30. August 1857 an Baudelaire in einem begeisterten Brief, unter anderem auch die folgenden Worte: „Ihre Fleurs du Mal strahlen und glänzen wie Sterne" (Fahrenbach-Wachendorff 1980, 479). Er war einer der wenigen, der hinter der scheinbar hässlichen Fassade der Gedichte ihren wahren Wert erkannte und dies entsprechend würdigte. Damals von der Behörde zensiert, gelten die Blumen des Bösen heute als der Beginn einer neuen lyrischen Epoche in Europa (Fahrenbach-Wachendorff 1980, 479).

In Deutschland fiel die Rezeption deutlich negativer aus: Baudelaire veröffentlichte die „Blumen des Bösen" in einer Zeit, in der man noch lange nicht reif war für diese neuartige Dichtkunst. Der Brockhaus von 1882 bescheinigte Baudelaire eine „überreizte Fantasie" und das Meyers Konversationslexikon von 1895 schreibt gar:

> „B. glaubt nicht an Reinheit der Seele, weil es ihm selbst daran fehlt. Von einer wahren Manie nach dem Bizarren und Paradoxen getrieben, zieht er die Verirrungen und Nachtseiten des menschlichen Herzens mit raffiniertem Behagen ans Licht und analysiert sie mit anatomischer Genauigkeit."[5]

Über Baudelaire als Person heißt es:

> "Von unleugbarer Begabung ist der Begründer einer frechen naturalistischen Lyrik, Charles Baudelaire, der Übersetzer des Amerikaners E. A. Poe, dessen erste Dichtungen "Les Fleurs du mal" (1857) als sittengefährlich verboten wurden, und bei dem sich Cynismus des Empfindens und Ausdrucks mit sorgfältig abgewogener Sprach- und Versbehandlung vereinigt hat." (ebd.)

---

[5] http://www.retrobibliothek.de/retrobib/seite.html?id=101704

Aber das sind noch beinahe sachliche Beurteilungen. Sehr viel deutlicher und feindseliger bewertet ihn Nordaus; das Problem dabei ist, dass diese Haltung lange Zeit auch die Haltung der Gesellschaft Baudelaire gegenüber entsprach. Zu Baudelaire äußert sich Nordaus folgendermaßen:

> „Der Kundige weiß, dass schon die Wahl einer Haltung gleich der Baudelaireschen ein Beweis tiefer Störung ist. Die Irrenheilkunde hat festgestellte, daß die Personen, die mit einiger Ausdauer Wahnsinn heucheln (…), fast ohne Ausnahme thatsächlich geisteskrank sind… (Keck, 18)

Zusammenfassend kann man sagen, dass Baudelaires Dichtkunst in Deutschland vor allem insbesondere die „Fleurs du Mal" zu seinen Lebzeiten überhaupt nicht willkommen war; er wurde sogar als Satanist bezeichnet. Sein Werk wurde erst 1949 vollständig als eine Form der Kunst akzeptiert, als der Schuldspruch von 1857 förmlich aufgehoben und seine Begründung als unzureichend erklärt wurde (Engelhardt/Mettler, 11).

2.3. Die Übersetzbarkeit der *Blumen des Bösen*

„Je komplexer ein Sprachgebilde nun ist, desto schwieriger ist es zu übertragen" (Keck 1991, 16). Wenn man die komplexe Poesie Baudelaires unter dem Aspekt ihrer Übersetzbarkeit betrachtet, stellt sich unweigerlich die Frage, ob eine dem Original äquivalente, das heißt auch würdige Übersetzung, oder im Falle Georges, eine Übertragung überhaupt möglich ist. Um diese Frage hinreichend beantworten zu können, muss zunächst auf die Frage eingegangen werden, wodurch sich die Dichtung auszeichnet und was sie so besonders macht.

Baudelaires Dichtung unterscheidet sich in vielen Hinsichten von anderen Werken seiner Zeit. Sie zeichnet sich in besonderer Weise durch „Monotonie, metrische Ordnung, Symmetrie, Dialektik der Bildentwicklung, Überraschung und Dissonanz im harmonischen Grundgerüst aus", so Keck (1991, 16). Allein die Menge der genannten Einzelaspekte lässt erahnen, wie herausfordernd die Übersetzung ist. Er erwähnt auch, dass Ambiguitäten, Nuancen, Formelemente in Baudelaires Dichtung ungekannte Dimensionen erreichen. Keck (1991,17) konstatiert:

> „In ihrer spezifischen Struktur, ihrem subtilen Spiel mit Dissonanzen und sprachlichen Kühnheiten, mit formalen Mustern, klanglicher Instrumentierung und jähen >Bedeutungstiefen< sind die *Fleur du Mal* wohl tatsächlich unübersetzbar."

Auch Walther Küchler, der sich ebenfalls an den „Blumen des Bösen" versucht hat, schreibt:

„Es gibt keine vollkommene Übertragungen Baudelairescher Gedichte. Weil es keine Dichter gibt, die so tief wie Baudelaire in den Abgrund des Bösen hinabgetaucht wären. Freude an Dichtung, lyrisches Gefühl, gute Kenntnis der französischen Sprache, Sinn für Form, strenger Wille zu künstlerischer Nachbildung, Beherrschung der deutschen Sprache – all das genügt noch nicht für die Wiedergabe dieser Dichtung im eigenen Idiom." (Keck 1991, 9)

Und der bekannte Literaturwissenschaftler und Professor R.R. Wuthenow schreibt 1957 in seiner Schrift und wiederholt im Jahre 1969, dass es einen „deutschen Baudelaire" schlichtweg nicht gibt (vgl. Keck 1991, 9).

Das oben angeführte Zitat aufgreifend kann man sagen, dass die „Blumen des Bösen" eine besondere Herausforderung für Übersetzer darstellen, denn Baudelaire stellte mit seiner Dichtung die Weichen für eine neue, moderne Lyrik. Die Lyriker der damaligen Zeit erachteten es als notwendig, dass Form und Inhalt eine Einheit ergaben. Insofern waren das Unverständnis und die Verwirrung unter den ersten Lesern der Baudelaireschen Gedichte groß, da diese erst durch das Spannungsverhältnis einer vollendeten Form und eines „kranken" Inhalts ein fesselndes Paradoxon darstellten. Einerseits waren die Leser vom Inhalt angewidert, andererseits faszinierte sie die Form, die trotz der Diskrepanz mit dem Inhalt eine harmonische Kongruenz darstellte.

3. Analyse einer Übersetzung

3.1. Das Gedicht „Recueillement"

Charles Baudelaire (Fleurs du Mal) Recueillement	Stefan A. George (Die Blumen des Bösen) Sammlung
Sois sage, ô ma Douleur, et tiens-toi plus tranquille. Tu réclamais le Soir; il descend; le voici: Une atmosphère obscure enveloppe la ville, Aux uns portant la paix, aux autres le souci.	Sei ruhig o mein leid und klage schwächer Du riefst den abend nieder sieh er kam! Ein dunkler odem legt sich auf die dächer – Dem einen bringt er ruh dem andren gram.
Pendant que des mortels la multitude vile, Sous le fouet du Plaisir, ce bourreau sans merci, Va cueillir des remords dans la fête servile, Ma Douleur, donne-moi la main; viens par ici,	Mag sich der sterblichen gemeiner haufen Gepeitscht vom taumel dem gestrengen herrn Bei knechtischem gelag den ekel kaufen.. Mein leid gieb mir die hand! von ihnen fern!
Loin d'eux. Vois se pencher les défuntes Années, Sur les balcons du ciel, en robes surannées; Surgir du fond des eaux le Regret souriant;	Ganz fern! ... sieh wie die toten jahre droben Am himmel winken mit verblichnen roben. Die reue lächelnd auf den wassern schwebt
Le Soleil moribond s'endormir sous une arche, Et, comme un long linceul trainant à l'Orient, Entends, ma chère, entends la douce Nuit qui marche.	Die sonne sterbend hinter bögen breitet. Ein langes leintuch sich im osten hebt. Horch, teure! horch! die nacht, die leise schreitet!

3.2. Übersetzungsanalyse

Die erste Hürde, die zu nehmen ist, besteht in der Auswahl eines geeigneten, also eines leuchtenden Beispiels der zuvor erwähnten Aspekte.

Die Wahl fiel auf das Sonett *Recueillement*, welches am 01.11.1861 zum ersten Mal veröffentlicht wurde. Berühmt wurde es durch den ersten und den letzten Vers (vgl. Fahrenbach-Wachendorff 1980, 585). Vorausschickend muss man sagen, dass, ganz gleich, ob es sich um eine Übertragung, Umdichtung oder eine freie Nachdichtung handelt – in jedem Fall interpretiert der Übersetzer den Ausgangstext (Kortländer/Siepe 2005, 243). Deswegen kommt die Frage auf, welche Maßstäbe in diesem Fall anzulegen sind.

Um eine gute Analyse der Georgeschen Übersetzung des Gedichtes *Recueillement* überhaupt zu ermöglichen, bedarf es konkreter, klarer Kriterien mit Hilfe derer sich die Qualität der Übersetzung ermitteln lässt. Einen acht Kriterien umfassenden Ansatz dafür bietet die Baudelaire-Übersetzerin Fahrenbach-Wachendorff:

> „1. Wörtlichkeit und Bildlichkeit
> 2. Lautmalerei und Sprachmelodie
> 3. Wahl und Wirkung des Metrums
> 4. Bedeutung des Reims
> 5. Metrum und Reim in ihren einengenden und konstruktiven Konsequenzen
> 6. Rhetorische Formen und rhythmische Spannung
> 7. Gewichten und Konzentrieren
> 8. Ziel und Sinn aller Erwägungen und Entscheidungen" (ebd., 226).

Anhand dieser Kriterien wird die Übersetzung Georges analysiert werden. Dabei wird auch auf die Bedeutung der einzelnen Kriterien eingegangen. Es ist problematisch, diese Punkte getrennt voneinander zu betrachten, da manche Aspekte sich in einer Strophe häufen und überschneiden. Der Übersichtlichkeit halber werden diese dennoch Punkt für Punkt abgehandelt.

3.2.1. Wörtlichkeit und Bildlichkeit

Unter Wörtlichkeit versteht Fahrenbach-Wachendorff die Wortwahl und unter Bildlichkeit den durch die Wortwahl erzielten Effekt, also das Bild, das in der Übersetzung erreicht wird. George ist, was seine Wortwahl betrifft, prinzipiell sehr texttreu, weicht aber manchmal infolge des geänderten Versmaßes notgedrungen vom Original ab. Da George hinsichtlich der Form ein Purist ist, achtet er sehr genau auf die Syntax. Dazu zwei Beispiele aus der 1. Strophe des Gedichtes *Recueillement*: In der zweiten Zeile steht in Baudelaires Original: „Tu réclamais le Soir, il descend; le voici:". George übersetzt diese mit: „Du riefst den Abend nieder. Sieh er kam!" Sehr gut gelungen ist hier die Positionierung des Ausdruckes: „le voici". Diesen hat George mit „sieh, er kam" sehr gelungen übertragen, es klingt, als ob das Original hier die deutsche Version wäre, zumindest, was die Nachstellung betrifft. Andererseits ist er gezwungen, einen Neologismus zu verwenden. Dieser zeigt sich im Ausdruck: „den Abend niederrufen". Dies stellt eine Wortneuschöpfung dar, die infolge des „engen" 5-hebigen Versmaßes beinahe unausweichlich ist, zumal im Original das Wort „soir" mit „il descend" noch einmal aufgegriffen wird. In diesem Falle hat George keine Wahl, als eine Wiederholung zu Gunsten der Syntax, die für George vorrangig ist, beiseitezulassen. Hinsichtlich der Bildlichkeit ist festzustellen, dass George Veränderungen an der Substanz der Gedichte vornimmt. Ihm wurde mehrfach vorgeworfen, dass er sich die Bilder in Baudelaires Gedichten vereinnahmt, sie, in Fällen, wo sie ihm als ungeeignet erscheinen, verändert, oder abschwächt (Keck 1991, 98).

3.2.2. Lautmalerei und Sprachmelodie

Da Fahrenbach-Wachendorff die Begriffe „Lautmalerei" und „Sprachmelodie" nicht voneinander scharf trennt, wird im Folgenden der Begriff „Lautmalerei" benutzt.

Georges Übersetzungen wird im Allgemeinen nachgesagt, dass er diese zusätzlich verdunkelt (Keck 1991, 104). Ein Beispiel dafür ist die 3. Zeile der 1. Strophe im Gedicht *Recueillement*. Dort heißt es: „Une atmosphère obscure enveloppe la ville". George übersetzt diese mit: „Ein dunkler Odem legt sich auf die Dächer". Im Vergleich zu anderen Übersetzern, die an dieser Stelle von „dunklem Hauch, dunklem Mantel oder trübem Dunst reden" (vgl. Fahrenbach-Wachendorff 1991, 40ff.), klingt Georges „Odem" wie ein Ausdruck aus dem Genre des Kriminalromans. Ob in diesem Fall die Wortwahl zutreffend und adäquat ist, lässt sich diskutieren – aber bei der Betrachtung der folgenden 4. Strophe ergibt sich ein merkwürdiges Bild. Da der angesprochene Odem düster und unheilvoll klingt, wie kann dieser „einem ruh bringen"? Georges Affinität zur Verdunkelung der Sprache ist im vorliegenden Gedicht, das einen sehr melancholischen und tristen Ton hat, genau richtig, aber in einem anderen Kontext möglicherweise übersteigert.

Dass George durch seine eigene „Brille" sieht, wird in der 3. Zeile der 3. Strophe sichtbar, wo es darum geht, dass das „lächerliche Leid" aus den Wassertiefen heraufsteigt. George verändert das sprachliche Bild und redet hier von einer „lächelnden Reue, die auf den Wassern schwebt" und nicht aus dem Wasser heraufsteigt. Ungewollt wird man hier an die Bibelstelle in Genesis 1:2 erinnert, wo es heißt: „... der Geist Gottes schwebte auf dem

9

Wasser". Die Verbindung mit der Wortwahl „Odem", einem Wort, das ebenfalls häufig in der Bibel auftaucht, lässt vermuten, dass George sich möglicherweise nicht nur als Übersetzer, sondern als einen Überbringer einer Botschaft, gleich den biblischen Propheten gesehen hat. Er lässt auch einzelne Worte aus, so wie zum Beispiel „balcons" in der 3. Strophe. Zwar sind gelegentliche Auslassungen von weniger inhaltsrelevanten Worten aufgrund des Metrums der Zeile unumgänglich, andererseits könnte man im vorliegenden Falle entgegnen, dass diese Auslassung nicht akzeptabel ist, zumal das Wort „balcons" hier den Himmel näher beschreibt, und nicht einfach ein Füllwort ist.

3.2.3. Wahl und Wirkung des Reims

Baudelaire griff in seinen Gedichten der *Fleurs du Mal* auf den klassischen französischen Alexandriner zurück; dieser zählt 12 Silben bei einem männlichen Versende und 13 Silben bei einem weiblichen Versende, aber die obligatorische Zäsur nach der betonten 6. Silbe teilt die Zeile in 2 Halbverse. Ein sonstiger regelmäßiger innerer Rhythmus, z. B. in Jamben, ist möglich, aber nicht verbindlich und wird auch nicht angestrebt. Dies, sowie der Umstand, dass die betonte Silbe vor der Zäsur zwar immer ein Wort, nicht unbedingt aber auch eine Sinneinheit beendet, verleiht dem französischen Alexandriner einen flexiblen Sprechduktus (vgl. Kortländer/Siepe 2005, 228). Allerdings galt der klassische Alexandriner schon zur damaligen Zeit als veraltet und nicht mehr zeitgemäß, und der Umstand, dass dieser auch noch etwas steif klingt, veranlasste George dazu, 5-hebige, anstatt 6-hebige Verse zu verwenden. Ansonsten bleibt George seinen Ansichten treu und orientiert sich fast ausnahmslos am Reimschema des Originals; er behält bei seinen Übersetzungen den strengen Wechsel der männlichen und weiblichen Versenden bei, anders, als andere bekannte Übersetzer wie Goethe (vgl. Kortländer/Siepe 2005, 245). Diese Treue zum Original fordert allerdings Opfer. Friedhelm Kemp kritisiert Georges Bestreben, um der Form willen den Inhalt in Kauf zu nehmen. Dazu äußert er sich wie folgt:

> "Wenn der Übersetzung nicht mehr gelingt, als mit dem Anspruch vermeintlicher metrischer Treue und unter Aufbietung zahlreicher, den Sprachanstand verletzender Reime vermeintliche Meinungen ungenau mitzuteilen, bildlich und gedanklich ein Ungefähr der Annäherung zu bieten, dann ist im Falle ausgeprägter, durchgestalteter Gebilde wie der *Fleurs du Mal* eine solche Übersetzung nicht nur überflüssig, sondern sehr rasch Verfälschung, häufig auch ein Selbstbetrug." (ebd., 245)

Im Folgenden führt Kemp aus, dass gerade bei einer derart kunstvollen und komplexen Dichtung wie sie bei Baudelaire vorliegt, das Ungefähre nicht akzeptabel ist, weil Baudelaire zum einen trotz der Symbolhaftigkeit seiner Poesie sehr klar und konkret formuliert hat, zum anderen solche Halbwahrheiten dazu führen, dass der ausreichend gebildete Leser kein wahrheitsgetreues Bild von der Einzigartigkeit Baudelaires erhält (S.247).

Er geht so weit, dass er die "stellvertretende Dichtung", wie er sie nennt, als ein "Surrogat, das sich seiner äußeren Form nach für ein Gedicht ausgibt, und das die Mitteilung des Sinnes vereitelt", bezeichnet.

3.2.4. Bedeutung des Reims

Es stellt sich die Frage, ob der Reim, der das auffälligste Merkmal eines Gedichtes ist, auch das Wichtigste ist, und ob er einen höheren Stellenwert als das Metrum hat. Fraglich ist auch, ob es angemessen ist, diesen erzwingen zu dürfen. Anders als im Deutschen dürfen im Französischen „rührende Reime" verwendet werden (Beispiel: pair/père). Ein weiteres, sprachlich bedingtes Kriterium ist, dass im Französischen alle Endungen gereimt werden können, im Deutschen ist dies wegen der Betonung der Stammsilbe nicht möglich. In diesem Zusammenhang schreibt Fahrenbach-Wachendorff (Roloff 1991, 31):

> „Da der deutsche Vers schon durch seine Takteinheiten deutlich strukturiert ist, hat der Reim dort nicht so eine wichtige Funktion wie im Französischen Vers, der wesentlich von Zäsur und Reim konstituiert wird."

Und zur Bedeutung und der Funktion des Reims:

> „Ich habe den Reim bei der Übersetzung beibehalten, da er in den sehr langen Satzgefügen, oft über zwei Strophen hinweg, als Zäsur und zugleich als Klammer wirkt; denn der Reim wirkt, wie ein sich wiederholendes Thema in der Musik, die Verse dichter aneinander und unterstützt dadurch die Vergegenwärtigung des Gedichtes als eines Ganzen." (ebd., 31)

Im vorliegenden Gedicht *Recueillement* ist die Verwendung des Reims auffällig. Baudelaire verwendet in den ersten zwei Strophen einen Kreuzreim. In der 3. Strophe ist allerding ein Bruch im Reimschema zu beobachten; anstatt des Kreuzreims tritt ein Paarreim auf; außerdem besteht die 3. Strophe nur aus 3 Zeilen, anders als die restlichen drei Zeilen, die aus jeweils 4 Zeilen bestehen. Nach dem Paarreim allerdings wird der Kreuzreim, beginnend ab der 3. Zeile der 3. Strophe, die ja die letzte Zeile der Strophe konstituiert, konsequent verfolgt. Wie bereits erwähnt, ist George sehr formtreu, auch was den Reim betrifft; der Wechsel vom Kreuz- zum Paarreim ist bei ihm vorhanden, auch der Übergang von der 3. zur 4. Strophe, wo wieder der Kreuzreim einsetzt; es ist so, wie es das Original hergibt.

3.2.5. Metrum und Reim in ihren einengenden und konstruktiven Konsequenzen

Darunter sind die Konsequenzen, die sich aus der Beibehaltung von Reim und Metrum ergeben zu verstehen. Zum Metrum ist zu sagen, dass George die richtige Wahl trifft, indem er 5-hebige Jamben verwendet. Durch dieses „eng geschnürte Korsett" erhält die Übersetzung Georges eine besondere Spannung. Er übersetzt den Vers:

„Vois se pencher les défuntes

Années sur les balcons du ciel en robes surannées"

mit

„sieh wie die toten jahre droben

Am himmel winken mit verblichnen roben".

Die Übersetzung dieser Zeile ist allerdings nur teilweise gelungen. Auffälligerweise verwendet George das Wort „balcons" überhaupt nicht in seiner Übersetzung. Der Ausdruck ist eine nähere Beschreibung des Himmels; insofern nicht elementar wichtig. Hätte er „balcons du ciel" einfach mit „Balkone des Himmels" übersetzt, hätte er einen Fehler begangen: George hätte das Bild des Originals verfälscht, da es dort um eine unbestimmte Person handelt, die gleich einem Theaterbesucher auf die Bühne des Lebens herabschaut und das Schauspiel verfolgt; jedoch wird das ganze Bild nur schemenhaft beschrieben, insofern muss auch die Übersetzung schemenhaft und bewusst unpräzise bleiben. Zum anderen dürfte George das Wort „balcons" nicht mit „Balkone" wiedergeben, da dieses zu sehr an eine reale Hausfassade erinnert. George lässt das Wort einfach aus und entgeht damit der Gefahr, einen Fehler zu begehen. Damit ist George in dieser Zeile nicht konsequent, was die Schemenhaftigkeit, die eine Charaktereigenschaft des Gedichtes darstellt, betrifft. Dies kann vielleicht daran liegen, dass George nicht die gleichen Kriterien, wie die angewendeten hatte. Fahrenbach-Wachendorff kritisiert, dass das Wort „winken" zu konkret an eine reale Situation erinnert, womit sie nicht unrecht hat. Insofern kann man sagen, dass die Übersetzung dieser Strophe nur teilweise gelungen ist.

3.2.6. Rhetorische Formen und rhythmische Spannung

Darunter versteht Fahrenbach-Wachendorff die Wertung und Wirkung von Klangeffekten. Obwohl die Wirkung von Klangeffekten eine nicht unbedeutende Rolle spielt, sollte diese nicht überbewertet werden. Der Klang ist keinesfalls wichtiger als die Wortbedeutung (vgl. Kortländer/Siepe 2005, 227). George verwendet in der zweiten Strophe Worte, die mit dem Buchstaben „g" beginnen; in jeder Strophe kommt eines vor, was sicherlich keinen Zufall darstellt. Der Gutturallaut „g" ist sehr ausdrucksstark und klingt fordernd in den verwendeten

Worten, wie „gemein, gepeitscht, gelag, gieb". Georges Stil wirkt trotz seiner strengen Form nicht gekünstelt, sondern eher erhaben. Zu anderen lautmalerischen Merkmalen, wie Alliterationen ist festzustellen, dass George diese nicht auf „Biegen und Brechen" erzwingt, sondern nur dort, wo sie sich aus dem Wortlaut, aus den Möglichkeiten der Sprache und aus dem Sprachfluss heraus anbieten, einsetzt. Beispielhaft dafür sind die drei Alliterationen in der 4. Strophe: „sonne sterbend, bögen breitet, langes leinentuch"

3.2.7. Gewichten und Konzentrieren

Angesichts der Tatsache, dass eine Übersetzung niemals alle Aspekte gleichzeitig in zufriedenstellender Weise abdecken kann, muss analysiert werden, welche Aspekte bei dem jeweiligen Gedicht besonders wichtig sind, und welche Worte bedeutungstragend sind, Kernaussagen darstellen und somit unbedingt in die Übersetzung einfließen müssen. Im vorliegenden Beispiel des Gedichtes *Recueillement* ist festzustellen, dass die erste Strophe die wichtigste ist. Der Grund dafür ist, dass in der ersten Strophe unter anderem die Anrede und die Feststellung, die allein schon durch die anschließende Pause, die zwischen der ersten Strophe entsteht, konstituiert wird. Der vierte Vers ist insofern wichtig, zumal er die Gegenpole des Gedichtes angibt, nämlich „paix" und „souci" (vgl. Roloff 1991, 34). Die Grundstimmung des Gedichtes könnte man vielleicht mit dem Wort „stiller Schmerz" umschreiben, einer Art gesteigerten Melancholie. In diesem Kontext erscheint die Wahl Georges, „paix" anstatt des fröhlich klingenden Wortes" Frieden" mit „ruh" zu arbeiten als richtig. „Souci" wird, wie auch das gesamte Gedicht, bewusst schemenhaft gehalten, insofern ist „gram" eine gute Entscheidung, denn es klärt nicht auf, wo diese herrührt.

3.2.8. Ziel und Sinn aller Erwägungen und Entscheidungen

Fahrenbach-Wachendorff sagt in diesem Abschnitt, dass das Ganze, also die Übersetzung mehr als die Summe ihrer Teile ist Eine gute Analyse und das Zusammensetzen der sprachlichen Puzzleteile macht noch keine gute Übersetzung aus. Wenn die Rohfassung erstellt ist, wird diese immer und immer wieder gelesen, dabei werden Einzelheiten der Übersetzung noch einmal abgewogen; die Übersetzung muss so klingen, als ob sie gar keine Übersetzung ist, sondern gleich wie bei Baudelaire einer Inspiration entspringt. Übersetzen ist somit nicht einfach eine Übertragung von einer Sprache in eine andere, vor allem nicht bei lyrischen Texten, sondern ein echter Schaffensprozess. Und nur eine inspirierte Übersetzung ist eine gute, eine die nicht tot klingt, sondern lebendig wirkt und Eindruck auf den Leser macht. Zu dem jahrzehntelangen Übersetzungsprozess der *Fleurs du Mal* in dem George immer wieder an seinen Übersetzungen feilte, sagt er nur bescheiden: „[...] der umdichter betrachtete seine mehrjährige arbeit als abgeschlossen nachdem seine möglichkeiten erschöpft." (Keck 1991, 100).

4. Schlussbetrachtung

Die Frage, ob es einen deutschen Baudelaire überhaupt gibt, darf entschieden bejaht werden; George, der als Maßstab für die Übersetzungen der „Fleurs du Mal" von Baudelaire gilt, hat mit seinem Werk viel bewegt. Er war derjenige, der durch die Herausgabe des Gesamtwerkes, durch seine jahrzehntelange Arbeit die negative Haltung der Allgemeinheit Baudelaire gegenüber, nachhaltig veränderte. Kein anderer Übersetzer konnte sich in der Übersetzerszene und beim interessierten Leser mit seinem Werk so gut behaupten wie George.

Abgesehen davon, dass George selbst ein erfahrener Lyriker war, stellen seine qualitativ hochwertigen Übertragungen nicht nur ein für sich dastehendes eigenes Kunstwerk dar, sondern sind in Wirklichkeit als eine Hommage an den größten aller Dichter, Baudelaire selbst, zu verstehen. Obwohl George sich mit seinem „deutschen Baudelaire" vor dem großen Meister Baudelaire verbeugt, hat er dabei seine eigenen Prinzipien und Grundüberzeugungen nicht verleugnet. George betrachtete Baudelaire als einen „Verwandten im Geiste" und eine Quelle der Inspiration und seine Übersetzungen sind keine Baudelaire-Kopien; im Gegenteil: dadurch, dass er sich strikt an seine eigenen, manchmal eigenwilligen Regeln gehalten hat, ist er sich treu und den Rezipienten als originell in Erinnerung geblieben. Schlussendlich kann man sagen: auch wenn Kritiker im Laufe der Zeit immer wieder kritisiert haben, dass George sich die *Fleurs du Mal* vereinnahmt hat und sie in seinem Interesse veränderte; die Leser waren auf seine Übersetzungen angewiesen, sie haben sich an ihnen orientiert und bildlich gesprochen, an diesen Monumenten der Übersetzungskunst angelehnt.

5. Bibliografie

Primärliteratur:

Baudelaire Charles: *Les Fleurs du Mal*, aus dem Französischen übertragen von Fahrenbach-Wachendorff, Monika, Stuttgart: Philipp Reclam jun. 1998.

Sekundärliteratur:

Burkhard, Arthur: Stefan George, 1868-1933, in: Blackwell Publishing (Hrsg.): „The German Quarterly", Band 7, Nr. 2 (März 1934), Seite 49-57.

Fahrenbach-Wachendorff, Monika: „Fragen zur Lyrikübersetzung. ‚Les Fleurs du Mal' von Charles Baudelaire", in : Volker Roloff (Hrsg.): Werkstattberichte. Literaturübersetzer bei der Arbeit, Tübingen 1991, S.23-39.

Fahrenbach-Wachendorff, Monika: Formale Aspekte der Lyrikübersetzung, in: Bernd Kortländer/Hans T. Siepe (Hrsg.): „Baudelaire und Deutschland Deutschland und Baudelaire", Tübingen 2005,   S. 225-239.

Heitmann, Klaus: Kunst und Moral. Zur Problematik des Prozesses gegen die *Fleurs du Mal*, in: Engelhardt, Hartmut; Mettler Dieter: Baudelaires „Blumen des Bösen", Frankfurt am Main 1988, S. 11-42.

Hobohm, Freya: Die Bedeutung französischer Dichter in Werk und Weltbild Stefan Georges (Baudelaire, Verlaine, Mallarmé), Marburg a. Lahn. 1931.

Keck, Thomas: „Der deutsche Baudelaire. ‚Studien zur übersetzerischen Rezeption der *Fleurs du Mal*", Band 1, Heidelberg 1991.

Kemp, Friedhelm: Ist Baudelaire noch übersetzbar?, in: Bernd Kortländer/Hans T. Siepe (Hrsg.): „Baudelaire und Deutschland Deutschland und Baudelaire", Tübingen 2005, S. 241-248.

Onlinequellen:

http://www.stefan-george-gesellschaft.de/?page_id=175&print=1 (Stand: 15.08.2011)

http://www.retrobibliothek.de/retrobib/seite.html?id=101704 (Stand: 15.08.2011)